*Pour la Bibliothèque nationale
Hommage de l'auteur*

NOTICE
HISTORIQUE & GÉNÉALOGIQUE

SUR LA

FAMILLE D'ANDRE

ORIGINAIRE D'ARTOIS

Colligite fragmenta

PAR

J. SEURRE-BOUSQUET

Auteur de l'Histoire de la ville et du canton d'Égletons (Corrèze),
d'une Notice Historique sur le château de
Ventadour (Corrèze), de l'Histoire du Collège d'Ussel,
etc., etc.

PARIS
IMPRIMERIE E. BARBIER
39, RUE DES GRAVILLIERS, 39

1890

DE BONNIÈRE LEFEBVRE DU BEAUCAMP
Figure 1. *Figure 2.*

HIBON DUPONT
Figure 3. *Figure 4.*

 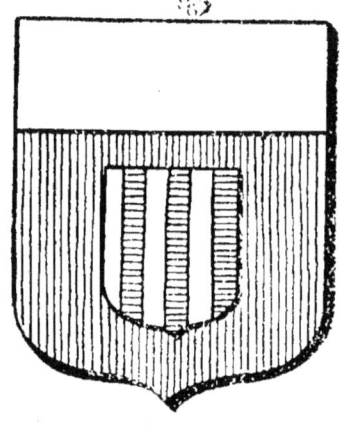

ROUTIER OHIER
Figure 5. *Figure 6.*

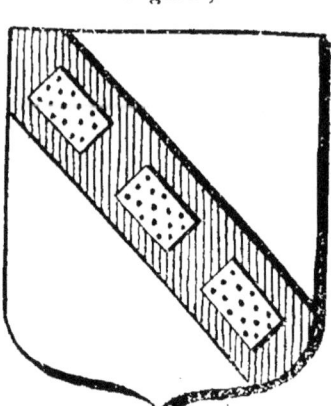 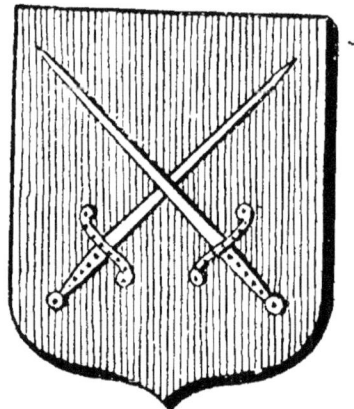

NOTICE

HISTORIQUE & GÉNÉALOGIQUE

SUR LA

FAMILLE D'ANDRE

ORIGINAIRE D'ARTOIS

Colligite fragmenta

PAR

J. SEURRE-BOUSQUET

Auteur de l'Histoire de la ville et du canton d'Égletons (Corrèze)
d'une Notice Historique sur le château de
Ventadour (Corrèze), de l'Histoire du Collège d'Ussel,
etc., etc.

PARIS

IMPRIMERIE E. BARBIER

39, RUE DES GRAVILLIERS, 39

1899

DÉDICACE

A MONSIEUR
MARCEL D'ANDRE

Monsieur,

Permettez-moi de vous dédier ces quelques pages, en témoignage de la sympathie généreuse que vous avez eue à mon égard.

En les traçant je n'ai pas eu la prétention d'écrire l'histoire de la famille d'autrefois, — groupe harmonieux dont les mœurs réglaient avec tant d'autorité tous les actes —, au contraire, je me suis borné simplement, naïvement, à rechercher l'origine de vos ancêtres.

Ces recherches généalogiques, ne forment pas une étude sèche et aride, comme on l'entend dire légèrement et sans examen. Au contraire, elle est pleine de charmes pour le curieux qu'anime la passion des découvertes, pour le chercheur consciencieux qui veut trouver la preuve d'un fait qu'il a soupçonné.

Puissent ces lignes vous intéresser, la destination tout intime et le caractère confidentiel dont elles sont l'objet, sont un sûr garant de leur sincérité.

Agréez Monsieur, l'assurance de ma respectueuse gratitude.

J. Seurre-Bousquet.

INTRODUCTION

Un profane ne peut imaginer ce que recéle un coffre plein de papiers de famille. Toute l'histoire d'une race dort là, avec les épreuves et les joies, les deuils et les fêtes, les grandeurs et les chutes, les mariages et les baptêmes, les voyages et les procès.

En parcourant les papiers de la famille d'Andre, j'appris en quelques semaines, non seulement l'histoire vraie de cette famille, mais aussi bien des choses du passé, qu'il est utile au présent de connaître et de méditer.

Je soupçonnai d'abord, puis j'acquis la certitude ensuite, et cela, après de *minutieuses recherches* faites aux Archives nationales, à la Bibliothèque nationale, aux Archives départementales d'Arras, aux Archives communales de Boulogne sur-mer, etc., etc., que cette famille devait être d'extraction noble et que la baronnie d'Andre antérieurement à la fondation de l'abbaye, avait dû être son apanage, d'où son nom.

Et ces preuves je les ai retrouvées : 1° Dans un mémoire intitulé : *Lettres en forme de Requeste civile. — Pièces et mémoires touchant la cause de la Baronnie d'Andre, pour la reyne mère du roy, contre messire Charles Hippolyte de Spinola, comte de Broüay, gouverneur de l'Isle en Flandres, 1662, par Me Henry*

Daudiguier du Mazet advocat en Parlement ; 2° dans les actes de naissance, de mariage et de décès de la commune de Vierre-l'Effroy, (*Pas-de-Calais*).

D'autres circonstances que j'aurai plus tard occasion de mentionner, établiront de plus en plus pour cette famille, l'existence d'un titre seigneurial dans les hauts siècles.

Du reste, comment expliquera-t-on que dans le pays d'où est originaire cette famille, se trouve une baronnie et un village du même nom, et que le nom de cette famille, antérieurement à la Révolution, se trouve écrit en deux mots sur les actes d'état civil, et que les membres de cette famille écrivent ou signent leur nom avec la particule ?

Certains répondront qu'il y a simplement là, une coïncidence bizarre; d'autres avanceront que c'est la faute du scribe champêtre, chargé de la tenue des registres d'état civil, ou bien ils feront encore observer que rien n'est plus commun, rien n'est moins inexplicable, que cette métamorphose des noms propres, avant l'invention de l'imprimerie.

Quelles seront donc les raisons qu'ils pourront opposer à mes dires, lorsque j'aurai fait connaître les alliances nobles de cette famille ?

Pour ma part et j'en suis fermement convaincu, la famille d'Andre a dû posséder la baronnie d'Andre, des souvenirs éloignés de famille nous l'apprennent du reste, mais hélas ! on ne peut que faire de vaines conjectures, sur ses destinées premières et sur son origine, car la perte irréparable des documents antérieurs à 1065 et la partie la plus reculée de sa généalogie étant établie sur des documents contradictoires, manquant de suite, ayant peu de dates, ne permettent pas de se prononcer d'une façon catégorique.

Quoiqu'il en soit, la généalogie de la famille d'Andre n'est pas du tout une œuvre héraldique, encore moins la pompeuse et vulgaire exaltation de titres de gloire.

Elle offre vraiment son histoire, c'est à dire le groupement chronologique, dans un mémoire domestique, des noms de tous les individus qui l'ont formée.

De cette sorte s'il se rencontre encore par hasard, dans ce siècle spéculateur, quelque *Chérin* ou quelque *d'Hozier*, qui ait voué à la simple vérité un culte que les autres ont voué au veau d'or, ils trouveront dans cette notice des éléments de la plus scrupuleuse conviction et le moyen de rectifier, en ce qui concerne cette famille, comme il serait à désirer qu'on pût le faire pour tant d'autres; les erreurs qui fourmillent dans la plupart des œuvres soi-disant héraldiques ou généalogiques, dont la spéculation exploitant la vanité, nous inonde, et qui ne valent pas aux yeux de ceux qui recherchent la vérité, la moindre ligne dans le moindre de nos vieux généalogistes.

Paris, 5 Juin 1899

J. SEURRE BOUSQUET,

GÉNÉALOGIE

DE LA

FAMILLE D'ANDRE

Andre est une commune de 756 habitants, du canton de Guines et de l'arrondissement de Boulogne-sur-mer. C'est un village fort ancien, dont les marais autrefois faisaient partie du golfe Itius, c'était aussi la première des douze baronnies créée par Séfrid le Danois vers l'an 965, lorsqu'il eut conquis le comté de Guines, qui lui fut cédé, moyennant foi et hommage, par les comtes de Flandre. Après Guines c'était le lieu le plus considérable du comté.

Vers l'an 1065, Baudoüin 5me comte de Guines y fit bâtir sur un côteau, l'abbaye de Saint-Médard, pour des bénédictins tirés de l'abbaye de Charroux(1).

L'*orthographe* du nom de cette localité a subi des variations qu'il est utile de signaler. On trouve anciennement : *Andernes*, *Andrenes* ou *Andrens* latinisé sous la forme *Andria*. Ce mot vient d'*ander* qui en vieux langage teuton signifie autre, c'est à dire l'autre seigneurie, pour la distinguer de celle de Guines. Quant à l'orthographe moderne de ce nom, on le trouve indistinctement écrit: *Andres* ou *Andre*.

---

(1) Charroux (Vienne) 2097 habitants. Célèbre et puissante abbaye, fondée en 785 par Charlemagne et Roger, comte bénéficiaire du Limousin, sur l'emplacement de Carrifum. Ce monastère avait des possessions importantes en Picardie et en Flandre l'abbaye de Ham entre autres, en dépendait.

C'est le berceau d'une ancienne famille qui remonte au moins au XI⁰ siècle et qui a pris le nom de son fief, à moins qu'elle ne le lui ait donné ; mais il est plus facile d'admettre que le nom appartint primordialement à la terre et qu'une fois érigée en fief, l'homme qui en fut investi en prit le nom, suivant l'usage d'alors.

Cet homme qui devait être le chef de cette vieille famille des d'Andre, d'où venait-il? Quel était son nom patronymique. ?

Je ne tente pas de résoudre ces problèmes.

Je ne me permettrai pas non plus d'indiquer l'époque à laquelle la terre d'Andre devint baronnie, je préfère laisser encore cette question sans réponse.

Le premier des seigneurs d'Andre que j'ai trouvé qualifié de baron est un Baudouin Bochart mentionné par Lambert d'Ardres, qui lors de la fondation de cette abbaye en 1065, contribua une partie du fonds qui lui appartenait

Après la fondation de l'abbaye, ce furent les abbés de ce monastère qui prirent le titre de barons et de seigneurs d'Andre, « Ce n'est pas qu'il soit certain lit-on à la page 42 du livre intitulé *Lettres en forme de Requeste civile*, etc., que l'abbé d'Andre ait été seigneur d'Andre ni premier baron de Guisnes, dès le temps de la fondation de son abbaye, qui ne fut d'abord qu'un simple prieuré, ni que nous sachions parfaitement de quelle sorte cette baronie luy a esté donnée. Car il se voit que depuis l'an 1065 qui est le temps de cette fondation *il y a eu d'autres seigneurs, lesquels ont pris la qualité de barons et de seigneurs d'Andre* ».

La *Chronique d'Andre* écrite vers l'an 1228 par Guillaume abbé de l'abbaye d'Andre, cite un certain nombre de personnes de ce nom. C'est un Walberto de Andernes (*Walbert ou Albert d'Andre*) mentionné dans la charte de fondation, — c'est un autre Rodolphe ou Raoul d'Andre, mentionné dans la charte de Lambert abbé de ce monastère en 1197; puis c'est une pleine famille de frères ou de cousins : *Wizo, Walter, Uberner et Egbert, de Andernes ou d'Andre*, comparaissant comme témoins d'un acte passé vers l'an 1136. Il y avait encore pour un canton du territoire une appellation particulière *West-eAndernes* ou *Andre occidental*, qui a servi à dénommer vers l'an 1136 un seigneur du nom de Walter (1).

Apparemment la famille qui fait l'objet de cette notice, appartient à cette lignée et bien qu'on en perde la trace dans les siècles où les Anglais maîtres en partie de la France, dévastaient tout le Nord, on la voit néanmoins, malgré ses lacunes de filiation pour cette période troublée et malheureuse, transparaître fréquemment par divers membres isolés.

A partir de 1197 et malgré mes recherches, je ne trouve plus trace de cette famille.

La perte des archives et les souffrances endurées par les habitants pendant la domination anglaise, y contribuent pour une large part, « c'était surtout écrit l'abbé Haigneré (2), la garnison de Guines qui faisait le plus souffrir les malheureux habitants des campagnes boulonnaises.

« Toujours en activité durant les nombreuses années de guerre qui signalèrent la funeste période de l'occupation anglaise, ces soldats maraudeurs ne tenaient pas en place, dans le repaire de leur forteresse, ils couraient le pays pour piller sans cesse et pour tuer. Rien n'échappait à leur fureur, non plus les lieux sacrés, les églises et les abbayes, que les fermes et les châteaux ».

D'autre part, au moyen-âge c'était au témoignage oral seulement, qu'on pouvait avoir recours pour prouver soit l'âge, soit la parenté. Le parrain, la marraine, le prêtre qui avait baptisé, étaient appelés à déclarer l'âge d'une personne, lorsqu'il y avait lieu.

Ce ne fut qu'à la fin du XIVme siècle et au début du XVme siècle, que la preuve écrite, commença à se substituer à la preuve orale et qu'on commença à tenir des registres qui purent jouer le rôle de nos registres d'état civil. Une ordonnance de François 1er prescrivit en 1539, la tenue des registres de baptême. Le concile de Trente en 1563 prescrivit la tenue des registres de baptêmes et de mariages Une ordonnance royale de 1579 , s'occupa des registres de bap-

---

(1) Dict. hist. et arch. du Pas-de-Calais. — Arrondissement de Boulogne. tome 3, page 84. B. N. cote L 4 K 1299.
(2) Volume précité.

têmes, mariages et décès, elle imposa aux curés l'obligation de les apporter chaque année aux greffes royaux, elle en réglementa la matière par des ordonnances, notamment en 1667-1736 et 1782. La loi du 20 septembre 1792 retira au clergé la tenue des livres de l'état civil pour les confier aux municipalités. Ce transfert fut loin d'être régulier. Enfin la loi de 1792 a été fondue dans ses dispositions essentielles dans les articles 34 et 101 du code civil.

Ceci dit, retournons sur nos pas et reprenons l'ordre chronologique.

Lors de la prise de Calais en 1347, on sait que garnison et les habitants eurent la vie sauve, à l'ception de six bourgeois, des plus notables, durent venir, en chemise, tête et pieds nus, la c au cou, apporter au vainqueur les clefs de la vill le Bel et J. Froissart, chroniqueurs de l'époq citaient que quatre de ces bourgeois, savoir : Eu... de Saint-Pierre, Jean d'Aire, Jacques et Pierre de Wissant, mais plusieurs historiens modernes nous donnent les noms des deux autres bourgeois qui se dévouèrent pour sauver la vie de leurs concitoyens ce furent : Jean de Vienne *alias* de Fienn s et André d'Andre.

On trouve un Nicolas d'Andre et sa sœur Isabelle d'Andre, mentionnés dans un acte de 1392, déposé aux Archives nationales. A la date du 14 septembre 1611 on trouve Jehan Rougegrez, marchand et bourgeois en la basse ville de Boulogne, léguant par testament à « Jehanne Deudin femme de Jehan d'Andre, sa cousine, 30 livres et son second manteau ».

A la fin du XVIIme siècle on trouve enfin la famille d'Andre définitivement fixée à Wierre-Effroy (1) où naquit en 1675 Jacques d'Andre, marié en 1697 à Marie de Bonnière (2)

---

(1) Wierre-Effroy, commune de 702 habitants et de 1891 hectares, canton de Marquise, arrondissement de Boulogne-sur-Mer. Elle est située au midi de Rinxent et à l'ouest de Réty, dans le bassin de la Slack qui la traverse de l'est à l'ouest. Elle confine aux communes de Belle et Houllefort, Conteville, Pernes, Pittefaux, Maninghem, Offrethum et Marquise. On lui attribue, comme à Réty et à Wimille une circonférence de sept lieues. C'était dans ce village que le bailli de Boulogne se transportait pour rendre la justice comme bailli de Londefort.

(2) Grâce aux bons offices et à l'amabilité de M. de la Gorgue-Rosny, nous savons que cette famille de Bonnière était originaire de Lyon où l'on trouve en 1626 : Claude de Bonnière et Pierre de Bonnière. Marc de Bonnière, vint s'établir en Boulonnais vers la fin du XVII siècle et y fit souche.
En 1785, on trouve un Antoine de Bonnière, fils de Louis-Marie de Bonnière, mentionné comme parrain dans l'acte de baptême de J.-Marie-Louise-Florentine Boullois, fille de Jean-Baptiste et de Marie-Louise d'Andre (*Registres d'État civil de Wierre-*

Du mariage de Jacques d'Andre, décédé le 23 Juin 1723, et de Marie de Bonnière, naquirent :

I   Le 24 août, 1697, Marie Anne d'Andre décédée 1 mois après.
II Le 8 octobre 1702, Louise Marie d'Andre.
III Le 11 août 1703, Pierre d'Andre.
IV Le 28 août 1705, Marie Jeanne d'Andre mariée à Louis Heulde.
V   Le 27 mars 1710, Marc d'Andre qui suit.

Marc d'Andre fils de Jacques et de Marie de Bonnière se maria à Jeanne Vasseur dont il eut :

I   Le 27 janvier 1737, Joseph-Augustin d'Andre qui suit.
II Le 27 mai 1738, Marc-Jean-Marie d'Andre.

Joseph Augustin d'Andre épousa le 28 novembre 1766 Jeanne Marechal veuve de Charles Andrieu du Beaucamp (1).

1793, Jean-Charles de Bonnière, mentionné dans l'acte de mariage de Jacques d'Andre avec Marie Barbe Joly, il est dit : cousin issu de germain de l'époux.

Dans les papiers de M⁻ᵉ Lavoisier-d'Andre, on trouve un contrat de vente, faite par le sieur de Bonnière de la Luzellerie, seigneur de Wierre-au-Bois, au profit de Charles Caboche.

On lit aux minutes du greffe de la justice de paix du canton de Marquise : « L'an 10 de la République, le 6 ventôse (*25 février 1802*), le mineur Pierre Jacques d'Andre (5 ans), fils de feu Jacques d'Andre et de citoyenne Marie Barbe Joly avait comme parents du côté paternel : 1° Jacques d'Andre propriétaire à Marquise, son cousin. 2° Jean-Charles de Bonnière, propriétaire à Wierre-Effroy, parent au même degré. 3° Le citoyen Louis-Marie Longuemoux, propriétaire au même lieu.

Leurs armes étaient : *D'argent à 3 bonnets d'albanais de gueules, posés 2 et 1, à l'éléphant de sable en abîme. (voir figure 1).* (Page 631 de l'Armorial, manuscrit de d'Hozier. — Généralité de Lyon).

(1) Grâce à l'amabilité et à l'obligeante communication de M. Varlet d'Andre, capitaine, commandant les sapeurs-pompiers de Boulogne-sur-Mer ; nous pouvons donner la filiation de ces Andrieu :

Le 25 mars 1699, naissance de Louise Andrieu fille de Pierre et de Louise Hubin.
    18 mars   1701,   —   de Pierre Andrieu, fils des précédents
    3 janvier   1703,   —   de Jean   —   —
    24 déc.   1705,   —   de Louis   —   —
    janvier   1706,   décès de Thomas   —   —
    22 octobre 1713,   —   de Marie   Andrieu, 75 ans.
    5 avril   1719,   —   de Pierre   —   72 ans.
    27 sept.   1727,   —   de Adrien   —   80 ans
    27 juillet 1730, mort « subite » de Jacques Andrieu, 50 ans.
10 janvier 1755, Charles Andrieu sieur du Beaucamp de la paroisse de Wierre-Effroy a été parrain à Hesdres.
15 mars 1760, décès de Marie Magdeleine Cresson veuve de Jean Hache et épouse de Charles Andrieu sieur du Beaucamp, à l'âge de 79 ans.
22 juillet 1760, mariage de Charles Andrieu du Beaucamp, âgé de 72 ans (veuf de Marie Magdeleine Cresson) et de Marie Jeanne Maréchal, 25 ans, dont :
    1° Le 29 novembre 1761, Jean-Charles-Louis-Marie Andrieu du Beaucamp.
    2° Le 30 janvier 1764, naissance de Pierre-Marie Andrieu du Beaucamp, décédé le 2 juillet 1768.

D'autre part, on lit aux archives départementales du Pas-de-Calais, page 28 des aveux des fiefs situés en la seigneurie de Londefort (*cote n° 6 et n° 56 de l'inventaire du 5 novembre 1769 au 9 octobre 1773*) : « Charles Andrieu du Beaucamp tient en fief de la seigneurie de Londefort, une maison, chambre, granges, étables et autres bâtiments, cour, jardin fruitier et potager, terre située en la paroisse de Wierre-Effroy, nommée le Beaucamp, contenant en tout deux mesures de terre ou environ par sept sols, six deniers parisis, autant d'aide et le tiers de chambellage, avec service de plaids dans la cour du dit Londefort de quinzaine en quinzaine et autres droits portés par la

Joseph Augustin d'Andre habita le plus souvent Echinghen (1). En 1789, il fut chargé par les habitants de présenter à l'assemblée générale de la Sénéchaussée de Boulogne, les plaintes et les doléances de la communauté : « Les habitans d'Echinghen, dit le titre, usant avec reconnoissance de la permission que sa Majesté veut bien leurs accorder de lui faire parvenir leurs doléances, plaintes et remontrances, ont chargés Alexandre Noël et Augustin d'ANDRE, leurs députés, de présenter à l'assemblée générale de la Sénéchaussée, le présent cahier dans l'espérance qu'on y aura égard, attendu que ce n'est pas le seul bien des dits habitants qu'on a en vue, mais celui de toute la province. (*Suivent les plaintes et les doléances*) (2).

En l'an II (1794) nous le retrouvons comme agent national (3) d'Echinghen, fonctions qu'il remplit jusqu'au 1er vendémiaire an IV. L'année suivante le 4 vendémiaire an V, (25 septembre 1796), il mourait à Echinghen.

De son mariage avec Jeanne Marechal, veuve de Charles Andrieu du Beaucamp, il eut :

I Marie-Jeanne-Louise-Augustine d'Andre, née à Wierre-Effroy, le 31 mars 1767 et qui eut de : Jacques-Marie-François-Lefebvre du Beaucamp (4) :

---

coutume générale du comté de Boulonnais. »
Le dernier des Andrieu du Beaucamp, Jean-Charles-Louis Marie, décédé à Wierre-Effroy, le 24 août 1833, légua par testament olographe en date du 2 mai 1833, (*reçu par Jean Lécaille, notaire à Marquise*), la terre du Beaucamp à Charles Courtois du Flégard, chirurgien à Samer, lequel la vendit à M. Pierre-Marie-Alexis-Désiré Malahieude, époux de dame Louise Lorgnier, ce dernier fit héritière, sa nièce : Mlle Marie-Louise Batel, mariée à M. René Martinet, propriétaire actuel du château et de la terre du Beaucamp.

(1) Echinghen, petite commune de 198 habitants, canton de Boulogne sud, à sept kilomètres de cette ville.

(2) Voir Cahiers des Doléances de 1789 dans le département du Pas-de-Calais, par Henri Loriquet. Arras, imprimerie Répessé-Crépel et Cie, 1891 B. N. Le 24. 293.

(3) Agent national ou municipal, nom que l'on donnait sous la première république à l'officier nommé par les communes dont la population ne s'élevait pas à cinq mille âmes pour exercer les fonctions municipales. La réunion de tous les agents municipaux des communes formait la municipalité du canton.

(4) Lors d'une enquête personnelle que je fis à Echinghen, le 22 avril 1899 il me fut affirmé par MM. Honoré Vasseur, conseiller municipal d'Echinghen, âgé de quatre-vingt-quatre ans et H. Capé-Leroy, secrétaire de la mairie de cette commune, que Jacques-Marie-François Lefebvre du Beaucamp était bien d'après les souvenirs de plusieurs habitants, le père de Jacques-Antoine d'Andre et qu'après l'avoir fait instruire, il lui avait assuré son existence, dont acte, dûment légalisé, de cette déclaration, me fut délivré le 15 mai suivant. Il est entré les mains de M. Marcel d'Andre. En 1500, on trouve une demoiselle Lefebvre qui portait : *D'azur au chevron d'or, à 2 étoiles d'or en chef et un demi corps de licorne au naturel, en pointe* (*Voir figure 2*).

On trouve encore un Jacques Lefebvre, allié à Antoinette Cornu, fille de François écuyer, seigneur du Beaucamp d'où Jacques et Charles.

Jacques Antoine d'Andre, né à Echinghen, le 22 janvier 1793.
II Henriette Emilie, née à Wierre-Effroy, le 6 juin 1770, mariée le 6 germinal an V, à Jean-Marie Ridoux, de Saint-Martin-lez-Boulogne.
III Marie-Rosalie, née à Wierre-Effroy, le 15 août 1773, mariée le 4 vendémiaire an XII à Louis-Marie Bonard.
IV Louis décédé le 29 décembre 1789, à l'âge de 16 ans, à Echinghen.

Jacques Antoine d'Andre, fils d'Augustine, continue la filiation. Il épousa Apoline-Scholastique-Josephe Martel, de Fruges, décédée à Paris, le 13 décembre 1856.

De ce mariage naquirent :
I Pauline d'Andre.
II Ange d'Andre.
III Eugène Ladislas.
IV Léonce d'Andre.

Eugène Ladislas d'Andre, naquit à Boulogne sur mer, en 1832. Il vint à Paris où grâce à son activité et à son intelligence, il sut se créer une place honorable dans l'industrie. Il était officier d'académie, adjoint au maire du 1ᵉʳ arrondissement et président de l'UNION ARTÉSIENNE, association d'appui mutuel des enfants du Pas-de-Calais, résidant à Paris.

Il mourut le 8 mars 1895.

Il avait épousé Aurélie-Clara-Honoré Léger, née à Provins et décédée le 20 septembre 1893.

De ce mariage naquirent:
I Marie.
II Lucia, mariée à M. Edmond-Pierre Roux.
III Hélène, mariée à M. René Billette.
IV Mathilde-Pauline-Eugénie.
V Marcel-Félicien Ladislas, le chef actuel de cette famille.

Ce Jacques Lefebvre avait pris le titre de seigneur du Beaucamp, par suite de son mariage avec Antoinette Cornu. En 1716 on trouve un Achille le Febvre décédé à l'âge de 72 ans. Le 31 décembre décès de Jean le Febvre, âgé de 28 ans. Aux *Archives départementales d'Arras*, on trouve : Jacques Lefebvre, décédé en 1749, suivant son testament contrôlé le 17 janvier 1749. Sa femme était Marie Ruttier décédée en 1746. Un de ses fils, J.-B. Lefebvre entra dans les ordres, on l'appelait plus communément : « l'abbé du Beaucamp ». Né à Étaples le 29 octobre 1746, nommé curé de Wierre-Effroy et Hesdres, le 27 mars 1786, il prit possession de son poste le 30 mars de la même année. La révolution le força de quitter Wierre au mois de mai 1790, il y fut remplacé par M. Noulard de Samer, prêtre constitutionnel. L'espace d'une année. Plus tard l'abbé Lefebvre du Beaucamp revenu de l'exil, fut nommé curé doyen de Desdres (1803). Il démissionna en 1817 et se retira à Boulogne comme prêtre auxiliaire de St-Nicolas. Il mourut en cette ville, le 16 janvier 1825. Son frère Jacques-Marie-François, était le père de Jacques-Antoine d'Andre.

Marcel-Félicien Ladislas d'Andre est né à Paris le 7 octobre 1867, il est licencié en droit, ancien avocat à la cour de Paris, officier d'académie, vice-président de l'UNION ARTÉSIENNE, membre duconseil de l'ALLIANCE SEPTENTRIONALE et secrétaire général de l'Union des associations départementales de France.

Il a épousé Eugénie-Louise Passemar, dont
I Geneviève-Eugénie-Louise.
II Jacques-Albert-Gustave.

Tableau Généalogique
DE LA
Famille d'Andre représentée par MM. Marcel et Gustave
DEMEURANT A PARIS — DEPUIS 1675 JUSQU'A NOS JOURS

1675 Jacques d'Andre époux de Marie de Bonnière

Naissance le 24 août 1697 Marie Anne d'Andre décédée un mois après	Le 8 octobre 1702 Louise-Marie d'Andre	Le 11 août 1703 Pierre d'Andre	Le 28 août 1705 Marie-Jeanne d'Andre mariée à Louis Heulde	Le 27 mars 1710 Marc d'Andre, époux de Jeanne Vasseur
	Le 27 janvier 1737, Joseph-Augustin d'Andre, marié à Jeanne Maréchal, veuve de Jean-Charles Andrieu du Beaucamp, dont elle avait eue le 29 novembre 1761 : Jean-Charles Louis-Marie Andrieu du Beaucamp et le 30 janvier 1764 : Pierre-Marie Andrieu du Beaucamp		Marc-Jean-Marie d'Andre né le 27 mai 1738	Le 14 mai 1739 naissance de deux filles
	Marie-Jeanne-Louise-Augustine d'Andre née le 31 mars 1767, mariée à J. P. Mascot	Henriette-Emilie d'Andre, née le 6 juin 1770 mariée le 6 germinal an V à Jean-Marie Ridoux	Marie-Rosalie d'Andre, née le 15 août 1773, mariée le 4 vendémiaire an XII, à Louis-Marie Bonnard	
	Jacques-Antoine d'Andre fils d'Augustine d'Andre ; épousa Josephe-Apoline-Scholastique Martel	Jean-Pierre-François Mascot fils de Augustine d'Andre et de Jean-Pierre Mascot.		
	Pauline d'Andre	Ange d'Andre	Eugène-Ladislas d'Andre né en 1832, marié à Aurélie Léger	Léonce d'Andre
	Mathilde-Pauline-Eugénie	Lucia épouse Edmond-Pierre Roux	Marcel marié à Eugénie-Louise Passemar	Hélène épouse de René Billette
			Geneviève-Eugénie-Louise d'Andre	Jacques-Albert-Gustave d'Andre	

IIÈME PARTIE

TABLEAU GÉNÉRAL
DES
MEMBRES DE LA FAMILLE D'ANDRE

D'APRÈS LE RELEVÉ FAIT SUR LES REGISTRES D'ÉTAT CIVIL
DES COMMUNES DE WIERRE-EFFROY
ET D'ÉCHINGHEN

Voici des notes isolées que j'ai pu recueillir au cours de mes investigations et dont le groupement peut faire un corps de preuves.

Ces notes, je les ai réunies de mon mieux, aussi nombreuses que possible ; mais je dois dire en les livrant, que je laisse après moi, le champ large aux recherches.

On relève aux registres d'État civil de la commune de Wierre-Effroy *(Pas-de-Calais)*, les noms suivants :

1670   Le 1er février, naissance de N*** fille de Jacques d'Andre et de Marguerite Barbier.

1685   Le 20 février, mariage de Pierre d'Andre, fils de Jacques d'Andre et de Marguerite Barbier avec Jeanne Vouot,

1686   Le 2 mars, naissance de Marc, fils de Pierre d'Andre et de Jeanne Vouot ou Vouet.

1690   Le 10 juillet, décès de Jacques d'Andre, âgé de 3 semaines.

1696   Le 23 avril, décès de Jacques d'Andre âgé de 78 ans.

—   Le 19 juillet, naissance de Marie-Jeanne d'Andre, fille de Pierre d'Andre et de Jeanne Vouot.

1697   Le 3 août, mariage de Jacques d'Andre et de Marie de Bonnière, fille de Marc de Bonnière et de Marie Andrieu.

1697 Le 23 août, baptême de Marie d'Andre, fille de Jacques d'Andre et de Marie de Bonnière.
— Le 7 septembre, décès de la précédente.
1699 Le 18 avril, naissance de Pierre d'Andre, fils de René d'Andre et de Jeanne N***.
— Le 23 avril, décès du précédent.
— Le 27 août, baptême de Jacques d'Andre, fils de Jacques d'Andre et de Marie de Bonnière.
1701 Le 9 mars, baptême de Pierre d'Andre, fils de Pierre d'Andre et de Jeanne Vouot.
1702 Le 8 octobre, baptême de Louise-Marie d'Andre, fille de Jacques d'Andre et de Marie de Bonnière.
1704 Le 27 novembre, mariage de Pierre d'Andre et de Antoinette Hibon (1).
1705 Le 10 février, mariage de Jacques d'Andre et de Antoinette Chevalier,
— Le 28 février, baptême de Marie-Jeanne d'Andre, fille de Jacques d'Andre et de Marie de Bonnière.
1708 Le 27 mars, naissance de Marc, fils des précédents.
1709 Le 28 juin décès de Jacques d'Andre, âgé de 18 ans.
1712 Le 11 février, décès de Marc d'Andre âgé de 48 ans.
1719 Le 27 septembre, décès de Pierre d'Andre, âgé de 62 ans ;
1723 Le 23 juin, décès de Jacques d'Andre, 48 ans, époux de Marie de Bonnière.
1730 Le 12 décembre, décès de Marque d'Andre, 45 ans ;
1731 Le 2 février, mariage de Louis Heulde et de Jeanne d'Andre.

(1) HIBON à Boulogne, : *d'azur au chevron d'or chargé d'un éperon d'acier, la courroie de gueules, surmonté en chef de deux besans d'or et un casque en pointe* (*voir figure 3*). Jean Hibon, huchier avait des terres au val Saint-Martin en 1503. Collonet huissier, demeurant à Boulogne, rue des Lormiers en 1505. — Jean Hibon, marchand, échevin de Boulogne était mort en 1569, allié a demoiselle Jeanne le Sueur d'où Antoinette religieuse de Saint-François, il était frère de Pierre, aussi marchand et échevin en 1561, 1566 et 1580, allié à Jeanne de Parenty. — Jean, receveur de l'hôtellerie de Boulogne en 1570. Tassin déclare un fief en Boulonnais en 1572. Fremin, marchand de la basse-ville 1608. Jean ancien échevin en 1650. — Antoine, contrôleur des traites à Boulogne, père de Madeleine, femme vers 1650 de Bertrand Meignot, sieur de Bassincourt. — Antoine sieur de la Preuse en 1662, demourant au Mont-Lambert, allié à demoiselle Catherine de la Chaussée. — François sieur de la Fresnoye allié à Suzanne Gillon 1668. — Jacques, sieur de la Fresnoye, marchand à Boulogne, échevin en 1715, ancien vice-mayeur en 1731, receveur de la ville avant 1725 (*Page 767 du tome 2 de la Gorgue Rosny*).

1734 Le 8 décembre, baptême de Jacques d'Andre, fils de Jacques d'Andre et de Isabelle Bernard.

1737 Le 27 janvier, naissance de Joseph-Augustin d'Andre, fils de N*** d'Andre et de Jeanne Vasseur, marchand et bourgeois.

— Le 19 novembre, naissance de Jeanne Élisabeth d'Andre, fille de Jacques et de Marie-Élisabeth Bernard.

1738 Le 14 mai naissance de Marc-Jean-Marie d'Andre, fils de Marc et de Jeanne Vasseur.

1739 Le 14 mai, naissance de Marie-Anne d'Andre, fille des précédents.

1741 Le 10 juillet, naissance de Jean-Marc d'Andre, fils de Marc d'Andre marchand et de Jeanne Vasseur.

1742 Le 16 janvier, mariage de Marc d'Andre, fils de feu Marc et de vivante Marie Dupont (1) et de Françoise Vasseur, fille de Jacques et de Françoise Routier, Routtier ou Roultier (2).

1743 Le 20 mars, naissance de Jacques d'Andre, fils de Marc, de Marie-Jeanne Vasseur.

---

(1) DUPONT ou du PONT en Boulonnais. Jacques du Pont tient fief de Fiennes à Leulinghen, 1553. — Antoine, laboureur à Waudringhen, déclarent leurs fiefs en 1572. — Jean archer des ordonnances sous monseigneur le duc Vendosmois, passe la revue à Boulogne le 27 octobre 1551. — Jean, homme d'armes des ordonnances sous monseigneur Chaulne, demourant à Marquise. — *Carpentier* mentione 50 familles nommées du Pont, de Pons, des Ponts, et donne les armes de beaucoup d'entre elles. Il cite Guillaume du Pont, 1090 ; Allemand au tournoi d'Anchin en 1096 ; Siger, chevalier, 1123..... Pont-Rowart, au terroir de Bergues maison illustre, porte : *de gueules au chef d'argent chargé d'un écusson palé de 6 pièces d'argent et d'azur* selon Lespinoy. (*voir figure 4*). Page 1160, tome III des Recherches généalogiques de M. L.E de la Gorgue-Rosny).

(2) ROUTIER *en Boulonnais*. — Guillaume Roultier avait un fief tenu d'Hesdiguel en 1477. — Jean dit Pallier tient de l'abbaye N.-D. de Boulogne des terres à Herquelingue vers 1530. Tassin, fils de Christophe, en tient des terres à *St-Léonard* en 1566 et paraît en même temps que Jeanne Routier, femme de Jean le Roy, sieur de la Palette. Robert laboureur à Herquelingue en 1579, fils de Guillaume, fils d'autre Guillaume, demourant à Fiennes. Guillaume laboureur à Herquelingue, père de Claudine, mariée en 1569 à Robert Fourcroy, fils Robert. Jean dit Pallier et Adrien au lieu de Maroie Gervoise, tiennent des terres à Erclinghés de N.-D. de Boulogne, vers 1530. Jacques demourant à Quéhen, archer des ordonnances sous M. de Fiennes, vers 1588. — Jaspard, curé d'Isques 1563. — Jean et Laurechon tiennent fiefs de Questinghen, 1553. — Guillaume, demt à Fiennes présente un fief en la sénéchaussée du Boulonnais, en 1572 et Eustache Marquillier de St-Léonard les revenus de la dite église. — Le 8 avril 1776, Jacques-Antoine Routier, laboureur au moulin Labbé, donne aveu de terres à Quéhen, comme fils de Jean-Marie-Antoine, demourant à Quéhen, fils d'Antoine, fils de Jean, fils de Nicolas, fils de Jacques, propriétaire desdites terres. Antoine sieur de Quéhen, demourant en la basse ville de Boulogne 1667. Jacques sieur de la Hezette, frère de Gaspard 1667. — Jean seigneur de la Salle en 1660, allié à demoiselle Antoinette Hiche, d'où Me Charles étudiant à St-Lazarre, et Antoinette, vivant en 1679, Jeanne Mansse mère et tutrice d'André Routtier, sieur de la Salle, demourant à Audresselles en 1714 et marchand à Calais en 1721. — Louis-Marie Thomas, sieur d'Hosroye, avocat à Boulogne en 1789. (*Pages 1288-1289 du tome 3 des recherches généalogiques sur les comtés de Ponthieu, de Boulogne, de Guines et pays circonvoisins par L.E. de la Gorgue-Rosny. Boulogne-sur-mer, imp. Camille Le Roy. 1851. — Bibl. N°- cote L 2 m. 227).*

Leurs armes sont : *D'argent à une bande de gueules chargée de trois billettes d'or* (*voir figure 5*).

1744 Le 12 juin, naissance de Marie-Louise d'Andre, fille de Marc d'Andre et de Marie-Jeanne Élisabeth Vasseur.

1745 Le 9 décembre, naissance de Pierre-Louis d'Andre, fils des précédents.

— Le 21 décembre, décès du précédent.

1748 Le 28 mai, naissance de Guillaume, fils du précédent.

1758 Le 23 janvier, naissance de Jacques d'Andre, fils de Jacques d'Andre et de Marie Anne Lorgnier (1),

— Le 25 janvier, décès du précédent.

1769 Le 20 février, décès de Marie-Jeanne-Françoise Pétronnille d'Andre (30 ans), fille de Marc et de Jeanne-Élisabeth Vasseur.

1780 Le 5 janvier, décès de Marc d'Andre, 72 ans,

— Le 20 novembre, mariage de Jean-Baptiste Boullois, propriétaire, fils des feus, Jean-Jacques Boullois et de Marie-Anne Ducrocq, St-Étienne-au-Mont; et Marie-Louise d'Andre, 30 ans, fille de feu Marc et de feue Jeanne-Élisabeth Vasseur.

1782 Le 17 mars naissance de Louis-Marie d'Andre, fils de Jean Louis d'Andre et de Marie-Catherine Ohier. (2)

1783 Le 30 septembre, décès de Louis-Marie d'Andre, 18 mois, fils de Jean-Louis d'Andre et de Marie Catherine Ohier.

---

(1) LORGNIER. — En Boulonnais. Pierre Lorgnet, tient un fief d'Ordre en 1477. — Christophe Lorgnier, Lieutenant de cavalerie des troupes boulonnaises, demeurant au Mesnil, paroisse de Réty, en 1685 mari de Jeanne de Humières, fille de Gabriel et de Jeanne Brouttier (*page 890 de la Gorgue-Rosny*),

(2) OHIER en Boulonnais, porte: *De Gueules à 2 épées en sautoir d'argent, les gardes et poignées d'or* (*voir figure 6*). On trouve un Régnault Ohier qui tient fief en Boulonnais de Guillaume de Houllefort en 1477. — Oudard Ohier, écuyer sieur de Grébault, homme d'armes des ordonnances sous M' de Sénarpont, a Boulogne en 1554, allié le 3 mai 1525 à Claudine de Hodicq d'où Jean l'aîné, écuyer sieur de Grébault et de Beauvoir, Jean le Jeune qui suit et Nicolas, enseigne d'une compagnie d'ordonnance en 1586. Jean écuyer sieur de Froisses, homme d'armes des ordonnances, capitaine de chevau-légers, lieutenant au gouvernement de Rue en 1586, allié en 1560 a Philippote le Maire, d'où Claude écuyer, seigneur de Froises, allié le 20 février 1607 assisté de Jean Ohier, écuyer sieur de Contery à Alinor de Parenty, et en secondes noces le 27 février 1607 a Charlotte du Bos, fille de Jean écuyer sieur du Thil, d'où Jean écuyer, s' de Froisses, allié le 25 juin 1644 à Marie de Bures, il était capitaine-major des troupes boulonnaises et fut père de Pierre, Zacharie, François, Jean et Marie. Le dit François écuyer, sieur de Grandval, capitaine de troupes boulonnaises, allié à Jeanne Nicolle Dumaisniel, d'où Anne Angélique, allié à César de Mailly d'Arsy, capitaine au régiment de Royan. De cette branche étaient François *d'Ohier* écuyer, sieur du Buis et peut-être Nicolas d'Ohier sieur de Grébault, allié à Gabrielle Germain d'où François, sieur de Péroy, et Marie, mariée en 1661 a Claude de Lengaigne, fils de Jacques et de Marie Matringhen. Le 20 avril 1603, donation par Nicolas Ohier, écuyer fils de Marc, demeurant à Wirwigne, à Nicolas Ohier écuyer, son cousin. — Jacques, allié à Marie de la

1785   Le 28 mars, naissance de Marie-Louise-Florentine Boullois, fille de Jean-Baptiste Boullois et de Marie-Louise d'Andre, le parrain: Antoine-André de Bonnière, fils de Louis-Marie de Bonnière, seigneur de Wierre-aux-bois.

— Le 22 mai, naissance de Marie-Louise-Élisabeth d'Andre, fille de Jean-Louis d'Andre et de Marie-Catherine Ohier.

1788   Le 24 mars, naissance de Joseph-François d'Andre, fils de Jean-Louis d'Andre et de Marie-Catherine Ohier.

— Le 13 novembre, naissance de Marc Antoine d'Andre, fils de Jean-Marc et de Marie-Catherine-Rosalie Hénon.

1790   Le 30 Mars, naissance de Marie-Catherine-Rosalie d'Andre, fille des précédents.

1790 Jacques Dandre (1) né à Conteville, le 13 janvier 1780, allié à Marie-Françoise-Rosalie Noël, il fut longtemps maire de Baincthun, il eut :

I Augustin, né en 1812.
II Frumance, dit l'abbé avait étudié pour être prêtre, est mort célibataire.
III Honoré, marié à Rosalie Coquet, dont 5 enfants.
IV Jules, marié à Augustine Leroy, dont 6 enfants.
V Adolphe, marié à Henriette Coquet.
VI Désirée.

Jean-Marie-François Dandre, marié à M. A. M. Bigorne, dont :

I Jacques-Louis (1814-1892), marié à Marguerite Monard, maire de Baincthun pendant un certain

---

Caurie, d'où 1° Oudard, sieur de la Motte, vivant en 1606, chevau-léger du seigneur de Villequier, père de Oudard, sieur de la Motte, major de la ville d'Étaples 1665, dont demoiselle Jeanne Stricq était veuve en 1686; 2° Georges, sieur du Chocquel, marié le 18 novembre 1629 a Marie de Mionneville, remariée à Pierre de Wierre, écuyer seigneur de Longpré ; il fut père de Georges, sieur du Choquel, marchand et ancien échevin de Boulogne en 1668, allié à Madeleine Stricq, d'où Gabriel, Jean, Oudard et Marie Anne ; de Jean seigneur de la Motte, lieutenant de cavalerie des troupes boulonnaises, demeurant à Boulogne en 1727, de Jacquin et de Jean. — Nicolas d'Ohier, sieur de la Gravelrie, chevau léger du seigneur de Villequier en 1668. Claude marchand bourgeois a Boulogne 1663.
Melchior, fils de Jean et de Jacqueline Cazin avait des terres à Surques en 1548. — Pierre, laboureur à Houllefort, homme de fief du seigneur de Capres, déclare son fief en Boulonnais en 1572, et Oudard son mari de Marie du Puis, y déclare aussi un fief. — Adrien Ohier, archer des ordonnances sous M' de Sénarpont en 1557. — Oudard Ohier, sieur de la Remonderie 1614. (*Recherches généalogiques par L. E. de la Gorgue-Rosny, tome 3. pages 1089-1090*).

(1) *A partir de cette époque, c'est à dire de la Révolution, la famille d'Andre perd ou abandonne la particule.*

temps. Il eut trois enfants, savoir : Julie, Jules et Louis,

II Eulalie, mariée à Cazin, dont 3 enfants.
III Félicité, mariée à Gambart, dont 2 enfants,
IV Jean-Marie, mort célibataire.
V Agathe, mariée à Darré.
VI Judith, mariée à Delcluze.

* *
*

Ici prend fin ce modeste travail. Comme on l'a vu, les destinées de cette famille, ont été très diverses, Dépouillée sans nul doute, de la baronnie d'Andre, par des usurpateurs cupides, mercenaires et barbares, elle n'en a pas moins dans la suite, conservé son titre et sa dignité.

En recueillant ces souvenirs répandus çà et là ; en groupant ces fragments généalogiques dispersés par le souffle pernicieux des guerres anglaises et en les offrant au sympathique chef de la maison d'Andre, je me suis inspiré de ces paroles d'un écrivain moderne : « Il y a dans toutes les familles un culte pieux des souvenirs domestiques, qui sont l'honneur des enfants et auxquels leur âme doit presque toujours ce qu'elle contient de meilleur ».

OUVRAGES DE M. J. SEURRE-BOUSQUET

Ventadour, DE LA VICOMTÉ, DU COMTÉ ET DU DUCHÉ-PAIRIE. — Notice historique extraite du Facteur d'Ussel. — Année 1895-96. — Ussel, Imprimerie J.-B. Faure, 1896.

A TRAVERS LE CANTON D'ÉGLETONS, **étude historique**. Ussel, Imprimerie J.-B. Faure 1897.

Généalogie DE LA FAMILLE SEURRE-BOUSQUET.

Histoire DU COLLÈGE D'USSEL-VENTADOUR. Grand in-8, 200 p.

Note sur l'ancien prieuré disparu DE SAINT ROBERT DE VEDRENNE, près **Égletons** (en préparation).

Simple note pour servir à l'histoire de L'INSTRUCTION PRIMAIRE A ÉGLETONS. In-12 (sous presse).

RECHERCHES GÉNÉALOGIQUES, BIOGRAPHIQUES ET HISTORIQUES SUR LES ANCIENNES FAMILLES NOTABLES DE LA VILLE D'EGLETONS. On y trouve les biographies : du troubadour-jongleur, **Guy de Glotos** (1256-1285); du cardinal **Jean Faure** ou **Fabri**, évêque de Tulle, mort en 1372; du récollet, frondeur de l'épiscopat **Bruno Chassaing** (1590-1669); de **Pierre Combret** (1633); du poète **Octave Lacroix**, etc., etc. Grand in-8, 100 pages.

Étude littéraire sur OCTAVE LACROIX.

LA CHARITÉ, **aux XVIIIme et XIXme siècles à Egletons**. Grand in-8.

HISTORIQUE DES FOIRES, MARCHÉS ET OCTROIS **de la ville** D'EGLETONS. Grand in-8.

Imp. Barbier, 39, rue des Gravilliers

www.ingramcontent.com/pod-product-compliance
Lightning Source LLC
Chambersburg PA
CBHW060925050426
42453CB00010B/1868